JN411136

붉은 꽃에 대한 명상

권순자 시집

문학의전당 시인선
168

붉은 꽃에 대한 명상

권순자 시집

문학의전당

시인의 말

모든 아름다운 것들,
생명이 짧아 더 강렬하게 빛나는
어린 것들,
언어 이전의 침묵으로
더 깊은 것들에게

이 시집을 바친다.

2013년 가을
권순자

차례

제2부

제3부

제4부

제1부

미꾸라지의 상상

시장 어귀에 함지박을 내려놓고
사내가 미꾸라지를 판다
싱싱한 놈들 가져가요
맛 좋고 몸에 좋은 놈들이요
미꾸라지는 철체 위에서 이리저리 꼬물거리다가
얼른 빠져나간다 함지박 속으로 미끄러진다
미꾸라지는 구름처럼 흐르고 싶었을까
함지박에서 요동치는 몸놀림이 곧 구름 사이로 들어갈 것 같다
부풀어 오르는 상상으로 삶의 경계를 넘어
무한의 허공으로 스며들 기세다
상처투성이 될지라도 기어코 오르고 말겠다고 함지박을 기어오르는
저 몸부림!
외로운 투지는 바닥을 드러낼지언정
이 상황을 변환시키겠다고 발버둥이다
흘러가는 시간이 홀홀히 가지는 않을 것이다
붉은 꽃보다 더 붉은 피를 흘리며

시간은 자신의 족적을 남길 것이다
미꾸라지를 파는 사내는
미꾸라지처럼 파닥거리는 자신을 본다
차디찬 섣달그믐 날 빈손으로 귀가하지 않기 위해서
스스로에게 진동하는 빛이 되어
유한한 시간에 꺾이면서 밝아지는 연습을 한다
삶을 향한 욕구가 강할수록 피비린내 진해지는
함지박 세상,
자아, 미꾸라지 사가세요, 참 맛있어요.

나무의 장례

한 사내가 나무의 가슴을 스윽 벤다

나무의 이름과 나무의 얼굴과 나무의 이야기가
잘려나간다
춥고 더웠던
따스하고 정겨웠던 날들
나무의 몸 안에 갇혀 있던 언어들이 우르르 톱밥으로 날았다
뚜벅뚜벅 걸어 나오는 것이 아니라
수천수만의 날개를 달고
수천수만의 햇살을 타고 가볍게 날았다

아, 얼마나 기다려온 순간인가
매이고 매여서 놓여나지 못하던 몸이
한 번 발을 내디디니
천길만길 가볍게 날아갈 수 있는 것을

무거운 기억들이 허공으로 뜨고

몸속에 갇혀 있던 말들이 우르르 쏟아져
사내가 내민 수화에 말문이 터져
사방이 소란스럽다

소리의 뼛가루는 몸이 가벼워
저들끼리 부딪치고 엉기며 구화를 나눈다
꾹꾹 눌러온 속을 풀어헤친다

물결치는 바람
폭설에 몸 귀퉁이 빌려주었다가 내려앉은 어깨는
이제 썩어서 쉽게 부서져 내렸다
너를 사랑한 푸른 마음은 붉은 죄가 되어
내 몸도 창백하게 병들어갔다

푸른 몸에 품었던 열망은 심장에 울음을 쟁이고
울음은 추워도 얼지 않는 눈물이 되었다

눈물도 이제는 환한 바람으로 발효되고 있는 중.

발칙한 사막

사막이 데모 중이다
제 몸 다 일으켜
돌진 중

짐승들 눈에 최루가루를 쏘고 있다
꿈 따위는 쓸데없는 거라며
흙바람을 장막처럼 쏟아낸다
소란한 말발굽 소리
당신의 계략을 무산시키는 것이
나의 지상목표

바람은 사막의 주술을
허공으로 불러들이고
구름을 뜯어내고,
벌겋게 파헤치는 슬픔의 날이 퍼렇다

가슴속에 지칠 줄 모르는 나락이 입을 벌린다
노래하는 자여

강렬한 모국어를 울려라

감시자는 고독한 소리를 듣는다
영원히 지칠 줄 모르는 불모의 땅에
잉태하는 사랑은 그대로 균열되었다

심장 박동이 울리기도 전에
강철 같은 바람이 벌거벗은 상처를 할퀴었다
아무도 의심하지 않는다

날뛰던 꿈은 부스러지고
낯선 길 사방으로
붉게 휘청거리는 욕망을 노을이 허공으로 퍼 날랐다

사과꽃향기 날릴 때

무르익은 봄빛이 왔네
봄빛 따라 고양이 만나러 갔네
누가 버린 건지
잃은 건지
보호센터에서 마주한 고양이
겁이 묻어 있었네

야생은 오래전에 탈색되었나
쭈뼛쭈뼛 새 주인을 따라
사과꽃향기 가로질러 작은 집에 왔네
겁이 나서 우는 것도 잊어버렸나
사랑을 잃어버려서 자꾸 쭈뼛거리나
수척한 몸에서 털이 자주 빠지네

사과꽃향기 진해지면
고양이 눈망울 붉어질까
잃어버린 길을 찾을 수 있을까
길 떠나버린 꽃잎들

허공에서 뱅뱅 돌다 다시 올까

봄은 아린 고양이 눈에 머물다가
꽃무늬 치마폭에 사과꽃씨 심는지
젖은 바람과 펄럭이네

갈치 낚시

그물에 달빛이 걸렸다
재빨리 그물을 올려라
외마디 소리 지르는 바람
외면하던 별들이 쏟아져 그물에 매달린다
그물은 힘이 세다
자주 밀어낸 상처도 건져 올린다
건져 올린 달빛이 파닥파닥
펀들던 별빛도 파닥파닥
허구렁에 갇혀 요동칠 때

수없이 떨어지는 비늘,
시간이라고 명명한다
입술은 침묵 속으로 가라앉았고
눈은 멀어진 지 오래이다

떨리는 은빛들이 물고기였다는 사실

달빛은 자유를 찾아 날뛰지만

달빛을 은폐한 사각어항은
출구가 하늘로 열렸다
불안한 요동이 잠들고 하늘이 열리고
현상이 사라지고 모든 그림자도 사라지고,

고래

열망이 환상을 뚫고 뻗어 나와
푸르고 차가운 신선한 아침을 열고,
바람이 구름 떼를 몰고 속삭이며 일어서는 시각
영일만 기슭 갈대들이 일제히
손을 모으고 온몸으로 물결칠 때
붉은 영혼이 떠오르네

바람이 불꽃을 물고
영일만 기슭으로 달려오네
파도의 장엄한 해저의 피리소리가 울려 퍼지고
경련을 일으킨 바람이 어둠의 껍질을 사방에 묻고
투명한 햇살을 밀어 올리네
구름이 저들끼리 다정히 껴안는 동안
고래가 돌아왔네
두려움을 이기고 황금빛 바다를 보며
모두 침묵하는 순간
고래가 떠올랐네

자, 내가 돌아왔다!
포경선을 올리지 마라
나는 영일만에서 노닐던 먼 할아버지의
뼛속의 뼈였다네
모든 목마른 노래들을 한꺼번에 들려다오
이 씩씩한 육체에 노니는 영혼의 물결을 내버려다오
사랑의 부재는 삶을 더욱 무겁게 하리니
욕망에 이지러진 얼굴에 소박한 소망을 떠올려다오

정열은 폭풍처럼 오지만
가엾은 죽음의 뿔을 세울지도 모르지
불타는 목마름을 추구하지 말지니
경박한 번민은 너를 찌르고 오래 절규할지도 몰라
은밀한 꿈으로 순결한 자들의 눈물을 지켜다오
바다는 때로 야수 같아서 너의 휴식을 약탈할지도 몰라

환상에 젖은 사내여
나에게 갈고리를 던지지 말라

그대가 건져 올린 금화는 그대 눈을 씻어줄 수 없는
검은 악마의 유혹의 손길일지도 몰라
모든 염원하던 것들도 끝내 사라지리니
구릿빛 사내여, 나에게 갈고리를 던지지 말라
이 동해에서 오래오래 나를 춤추게 하라

먼 곳

지렁이 붉은 살이 절명의 흙길에 돋아 있었다
갑자기 밝은 곳으로 기어 나온 생은
빗방울을 맞아보고 싶었을까
자유가 그리웠을까

안락한 곳으로부터 자신의 붉은 살을 밀어 올려
환생하고 싶은 꿈을 붉은 몸으로 붉게 말하고 싶었을까

심장을 두드리는 빗방울 따라
어디론가 먼 곳으로 흐르고 싶었을까

젖은 흙이 햇살에 마르고
메마른 땅 사막에 바람이 불면

어둠은 나의 집, 따스한 나의 꿈이었던 곳을 떠나

한때 붉고 얼얼한 생이 말라 바람에 흘렀다
먼 곳으로 흐르고 있었다

사슬에 대하여

광장에 선 소나무
온몸에 전등불 켠다

한겨울 잠에서 깨어나
사방의 소음에 귀를 연다

푸른 잎 잃은 자리마다
밤마다 꽃피지만
끊이지 않는 악몽이 실핏줄마다 박힌다
예리한 빛에 쪼여
안구가 충혈 되고
아픈 껍질 떨어져나간 자리
찬란한 사슬로 얼얼하게 묶여 있다

밤 없는 밤
치명의 독인 빛을 게워내 보지만
진정되지 않는 속,
굴레이거나 이미 관습이 되어버린 장식의 삶

날마다 환한 빛이 온몸에 감긴다

달과 개

유리냉장고에
우짖던 숲속의 달이 밀렵꾼에게 잡혀와 누웠다
민둥산처럼
가죽이 벗긴 푸른 달이 차갑게 피에 젖었다
유린된 야생은 생식기도 지키지 못했다

병원 옆 시장엔
계곡의 야성이 소리 지르며 달 주변을 맴돌았다

이제
허약한 흙이,
시멘트에 눌려 썩어가는 꿈들이
달의 속살에 스며든 숲속의 물을 마시려고
그 발바닥에 묻은 황토를 발라먹으려고
달을 파헤친다

심장,
어미의 어미를 길들여

얼마나 충성을 하였던가

거대한 빌딩 사이로
또 다른 달이 뜨고
밤새
야생의 늑대 울음이
맨홀 뚜껑을 들썩였다

춘천호 매운탕

춘천호반 매운탕집 구석 자리
중년 내외가 담아온 메기매운탕 한 대접
마주하였다
산 그림자 진한 작은 어장에
떼 지어 지느러미로 날렵하게 냉기를 쳐내거나
끼리끼리 몸 부비며 잡혀온 설움을 토하거나
낯선 물길이 불안해 빙빙 돌며 탈출할 구멍을 찾더니
투명한 세계는 차압당하고
두텁고도 가까운
한세상 건너와
열탕에서 헤엄치고 있다
붉은 고춧가루보다 더 붉은 눈물 흘렸을
더 매운 비통(悲慟)을 빚었을 열탕 속
네 몸부림을 떠먹는다
몸속이 얼얼해지고
오래토록 죽음을 부정하던 가시가 목을 파고든다
따귀를 치는 지느러미질
식은땀 난다

춘천호가 몰래 건넨 한시적 사랑
먹먹한 가슴에 출렁거린다

용유도 조개구이집

용유도 조개구이집
조개구이 판에 모둠 조개들이 올라 있다
새알만 한 자갈들의 입에서 불길이 솟아오른다
이놈들 어서 입 열어라
네 지은 죄 네가 알렷다
조개들은 좀체 입을 열지 않는다
몸 뜨거워져 입을 벌리는 조개
작은 놈부터 입을 열기 시작한다
저는 시골 잡것이온데 돌쇠놈의 땅을 조금 빼앗았소이다
이 덩치 큰 놈들 어서 입 열지 못해?
지는요 읍내에 사는 고리대금업자이온데
미끼에 잔뜩 밀려온 수십 명의 재산을 가로챘습니다요
큰 조개는 입을 꾹 다물고 대답이 없다
저 검은 키를 뒤집어쓰고 숨죽이고 있는 놈을
더 센 불로 오래 고문하라
지글지글 살 타는 냄새가 난다
온몸이 굳어져 오자 그제사 입을 연다
어이구 살려주십쇼 허지만 지는 잘못이 없습니다요

너에게 허물과 부정이 없다면
어찌 이 고문대에 올라 있겠느냐
저는요 시골 노인들 싸구려 틀니 해준 죄밖에 없는뎁쇼

바다는 그들을 은닉시킨 죄가 드러날까 두려워
저만치 뒤로 물러나 시치미를 뚝 떼고 있다
찰싹찰싹 곤장을 칠 때마다 살 비린내가 물씬 난다

삼촌의 창고

지상 기온 섭씨 삼십삼 도
한여름 날씨에도 두툼한 털 장화와
방한잠바를 입고 떨며
냉동고에서 일하는 삼촌
먼 바다에서 무더기로 잡혀 얼음 수갑에 채워지고
꽁꽁 결박되어 지하 냉동감옥으로 들어온
바다 수백 두름
삼촌은 번호를 매기고 죄목을 기록한 뒤
수인번호를 붙여 일부는 독방으로
일부는 격리차에 싣는다

하릴없이 방만한 자유를 누린 죄
소용돌이치는 인연을 무시한 죄
흥청망청 시간을 배설한 죄
지독한 역마살로 바다의 질서를 어지럽힌 죄
물고기와 함께 그런 자신도 결박돼 격리된다

싸늘한 얼음으로 채워진 마음의 창고

대인공포와 실어증을 앓는 바다를 등지고

30년을 얼어 있던 삼촌이 지상으로 나온다

양계장에서

닭장에 갇힌 암탉은
자꾸만 알이 낳고 싶어진다
밤도 없이 눈을 찌르는 알전구 불빛에
몸속의 전선을 타고 산란의 전류가 쉴 새 없이 흐른다
자꾸만 알을 낳고 싶어진 암탉이
홰도 치지 않고 오를 횃대도 없이

종일 갇혀
깨어나지 못할 알을 낳는다
철망에 갇혀 정자 주사를 맞고
강제된 유정란을 낳는다

저희들끼리 쫀다고 부리마저 예리한 칼날에 잘리고
번들거리는 알전구 때문에 자꾸만 알을 낳는다
사각의 철망 좁은 계사

축축한 바닥에서는 악취가 버섯처럼 자란다

심부전증 앓던 닭
끝내 혼으로 훨훨 홰를 친다
잃어버린 횃대를 찾아
더 이상 알전구의 고문 없는 푸른 초원으로
야생의 부리 쳐들고.

춤추는 뱀장어

어제 하직한 뱀장어가 돌아왔다
평생 바다에서 저어올린 기름에 절여져서
토막 쳐서 더러는 붉은 고추장에
연민을 발라서 터억 돌아왔다

꼬리는 타버려서
이제 제 한 몸으로 춤을 춘다
붉은 고추장으로 매운 춤꾼이 되었다
한때의 꿈과 열정이 전유로 모였다
활활 타는 몸
붉은 입속에서 활활 타는 춤

참 먼 길을 꼬리지느러미로 저어왔다
다시 춤추기 위하여
폭풍에 몸 뒤집히기도 하였다
파도는 때론 내 편이 아니기도 하여
너울대는 물결이 약속하기도 하였다
그러나 이제 보니

그것도 춤이었다
춤꾼을 길러내는 바다의 엄격한 훈련이었다
더욱 멀리 헤엄쳐 가도록 등을 후려치던 엄한 손이었다
이제 진정한 춤꾼이 되어
훨훨 날아간다 돌아간다

부두 어시장

부두 어시장에서 고래고기 살점을 고른다
거대한 물살 헤쳐온 고래 한 마리,
덫에 걸려 누워 있고
지느러미는 늘어져
밀물 같은 발길들에 어지럽게 짓밟히고 있다

그르렁대던 숨결이 금방이라도 터져 나올 것만 같은
비린내 나는 대형 좌판 위에
살점을 염탐질하는 겁 없는 파리 떼들도 붕붕거린다

잡혀서야 돌아온 땅,
저만치서 혼자 철썩대다가
소용돌이치며 멀어지는 젖어미, 바다의 절규

살을 갈라대던 거친 인부의 손길이
식욕부터 일으키는 살점을 한 점 베어 삼킨다

태양이 시뻘건 피를 뚝뚝 흘리는 한낮

불쑥 내 몸 겨드랑이에서도 짠내가 진동을 하지만,
사막처럼 황량한 나도 도시 한복판으로 숨어들어,
축축한 소리로 가슴뼈를 긁어대는
파도의 숨소리를 잊어갈 것이다
뒤척이는 바다의 조갈 난 검은 눈동자를 지울 것이다

제2부

소금

아버지 입원 중이시다
다 떠나간 염전에서
끝까지 바다를 일구시더니
이제 소금기만 남아 누워 계시다

단단하고 올곧으시던 몸 용해되어
이젠 형체조차 알아볼 수 없다
그가 흘린 땀, 그 소금이
내 온몸 혈관을 타고 흐른다
그가 지고 나르던 소금의 무게가
죽음의 무게로 흔들릴 때마다
내 늑골에서도 죄스런 소금 알갱이가 맺혔다
내가 허우적거릴 때마다 잡아주시던 손
흰 꽃가루가 묻어나던 그 손이
곁에 있어도 마냥 그리워지는 날
아버지의 머리에서는
눈발처럼 허연 소금의 뿌리가 드러나고
모든 추억은 소금창고에 침묵으로 쌓여 있다

그가 물려준 짜디짠 이 목숨,
누군가의 가슴에 스며들어가
쉬 무르거나 부패하지 않도록
마침맞은 간이 되어주라는,
형체가 녹아 없어져도 남은 짠맛으로
부단히 길을 열어가라는
얼얼하게 녹아 흐르는 말씀을 듣는 밤.

실종

저녁이면 도시에
어둠이 입간판처럼 빽빽이 골목을 점령한다

물리면 독이 오르는 꿈을 풀어놓기엔
어둠이 안성맞춤이다
앞서간 몇 명의 그림자가 사라진 어둠의 터널 안에
하얗게 질린 달이 부표처럼 떠 있다
흐린 빛의 가루가 천정에서 쏟아진다
오늘도
어둠의 터널 안에서
회사원 ㅍ씨 뒤통수를 맞아 식물인간이 되었다
어디까지나 이것은 어둠의 조작극이 아니다
속도에만 감각을 열어둔
무관심의 영역이 확대되었기 때문이다
어둠과 사귀려는 분주한 발소리들
무감각한 생각이 쉽게 어둠과 친구가 되고
빛의 숨통을 조이고 있는,
빛을 마비시키기 위해 어둠은

밤이면 끊임없이 자신의 세력을 키워간다

어둠의 간판이 걷혀도
도시엔 투명한 아침이 오지 않는다
어둠과 몸을 섞은 사람들이
실종된 만큼의,
더 앙큼하고 발칙한 어둠의 2세가 태어난다

복숭아밭의 달

허기진 도둑고양이가 쓰레기더미를 뒤진다
어제의 향연을 쓸어 담아 묶어둔 더미를,
역한 세상을 오늘의 주린 배가
비집고 들어선다

먹다 만 복숭아가 굴러 나온다
복숭아밭이 보이고 수풀 우거진 오솔길로
달빛이 짐승을 타고 달린다
달이 쏟아내는 작살은 천지를 기절시키고
달을 삼킨 복숭아 몸은 하얀 배를 날마다 키워간다

나의 복숭아를 삶아 먹은 나의 달빛, 시들어버린 달빛은
어디서 주린 배를 채우고 있을까

길가 주막집 여자가 젖은 손을 내저으며
바람을 가르자 도둑고양이 물고 있던 달빛 덩어리를
하수도 구멍에 떨어뜨린다 달빛은 터널, 역한 터널을
굴러

만신창이가 된 채 강으로 흐르며, 훗날을 기약한다
숲속에서 짐승이 이지러진 달을 위해 곡을 한다

바람의 뒤편

빗살 켜대는 소리
텅텅 야윈 허공이 울리는 소리
소리들이 열정을 탕진하고 허공에 박히면
고단한 눈물이 자라서 튀어 오르고
숱한 방점 찍으며 잃어버린 사랑 찾아
처연한 눈 뜨지만
슬픔은 늘 자기중심적이라서
비에 젖으면서도 끓어오르는 짐승이다
피었다 지지 않고 휘어지는 나무처럼 고통은
제 등을 휘어 향기를 밀어낸다
꿈은 불모지에서 싹트므로
노래가 사라지는 벼랑에
날아간 새의 깃털이 팔랑거리듯
흘러간 사랑이 봄 그늘에서
그림자 뒤적거리듯
꽃들은 앙당그레 움츠리고
바람의 뒤편을 꿈꾼다

목련정진

떨며 참았던 설움이
한꺼번에 폭발했다
눈부신 빛이 겹겹이 쏟아진다
박힌 가시를 뱉어내는 소리로
사방이 소란하다
얼얼하게 아픈 환부를 건드리는 손들
통점에 번지는 전율

쓰리고 쓴 가지에 근질거리는 낯선 소리들
한때의 영광으로 타오른 물관 구석마다
맺혀 있던 상심과 수모 활활 타올라
깊은 상처마저 잊어버리고 햇살에 타올라
가지마다 톡톡 터지는 무언의 아우성,
세상을 향한 울음인가
세상을 얻은 득음인가

사막의 여자

당신의 입술 속에서 빠져나온 여자가
외눈박이처럼 껌뻑이며 황무지에
황홀하게 앉아 있다
분쇄된 시간들이 먼지로 떠다니는 동안
마취 가루들이 길가에 쏟아진다

너와 나 사이를 오가는 바람은
자주 어지럼증에 시달린다
소금기는 지하역마다 씻어도 지워지지 않고
쑥쑥 자라
아파도 싫어도 어둠을 타고 제 상처를 전염시키는
그렁그렁한 눈빛이 짓무르고 있다
북적대는 입술들이 고공 행진하며
소멸되었다가 다시 생존하는 동안
저녁연기처럼 어딘가로 흡수되지 못하는
가무잡잡한 늙은 여자

수십 개의 울음통을 가지고 있다는

여자가

한 줌만 한 몸속에 울음을 쟁이고 있다

추슬러서 오래 노래 부르기 위해

넓고 무겁고 긴 울음이 밴 뼈는 온전히

외롭고 높은 사막이 되었다

홍어

썩어가며 꿈을 자주 고쳐 꾸다가
비늘이 굳어지고 눈물은 말라갔다
앙다문 울음은 물큰한 내음을 어룽지며
알싸한 맛을 키웠다
새까만 새끼들이 썩어가는 세월을 발라먹는 동안
옹근 심줄도 연골도 삭아
매끄럽고 탄력 있는 성명들은
어미 애비라는 시큼한 이름으로 남았다
비린내 나는 근력은 곰삭아

푸른 시간도 함께 부패되고
지느러미는 항해를 잊었다

이제 붉은 맛으로 혀를 찌르고
온몸으로 물살을 불러
목구멍을 쏘리라

물길은 지워지고 비좁은 바다로 흘러가리라

뜨거운 바다 네 가슴속에서
물결치리라
저문, 지친 하루를 피어올리고
타오르는 석양처럼 붉게 데우리라
어두워진 속을 확 밝히리라
소멸하는 순간 가장 빛나는

장수하늘소

허공을 밀어내는 몰입의 몸짓,
발작처럼 날다가 이내 날개 접다

시들지 않는 침묵
투명한 감옥이 노을에 붉게 젖어들고 있다
울음 따위 피어내지 않고
살을 말리며 독을 게워낸다
제 몸의 진을 빨아먹으며
제 미련을 갉아먹으며 날지 않는다

검게 빛나는 등에는 감춰둔 삶의 무게가 얹힌다
가위처럼 뻗은 턱은 위로 향하여 허공을 자르고 있다
더듬이로 사방을 더듬어보지만 하늘은 너무 멀다

염탐하다가 덮치는 허기는 강렬하여
통증이 열꽃처럼 핀다
자신을 박차고 나오지 않는 한
열망은 속살을 갉아먹을 것이다

매화

겨울을 앓다가 눈부시게 피네
허공을 어루만져 바람을 머금네

봄을 애타게 부르는 소리
충혈된 눈망울마다 눈물이 피네
숨죽여 웅웅거리는 바람
사라지는 것들은 허물을 벗고
연기처럼 허공으로 스며드네

한바탕의 바람이 휘파람 불고 지나가네
바람은 긴 울음을 울 줄 아네
외지고 낮은 길 달려온 바람이
깊고 깊은 울음을 던지네

퍼런 봄날들이 숱하게 흘러
달빛처럼 환하게 피네
훌훌 묵은 세월 벗고
허공 한 채 짓네

새들, 어둠을 털어내다

어둠이 너무 멀리
따라왔다 돌아갈 수 없는 터널이
첩첩이 에워싸고 있다
쉼 없이 달려왔으므로 곤죽이 된 흙길이
자꾸만 행인을 토했다
단단히 묶여 있던 먼지들이 뭉쳐져
철버덕거리며 소리 질렀다
불빛들이 사방으로 번졌지만
딱딱한 살갗들이 거칠게 튕겼다
속이 비어갈수록
진흙투성이 어둠이 꽉꽉 비집고 들었다
습성이 불안한 퇴로를 그리며
체온을 바람에게 나눠주고
질긴 주름은 자꾸 뻗어 몸을 허공에 건다
얇아지는 바람의 마른 소리
흉터 따라 하루의 살점을 눕힌다
상처가 덧나는 어둠의 수조엔
마른 의심이 물결을 엎는다

가도 가도 세상은 익지 않는 어둠을
바닥에 부린다
끝없이 부화하는 아가미들의 벌렁거림이
뒤집혀 파닥거리는 빛의 날개들을 적셔댄다

산책

잠들지 못한 달은 어디에 숨어 있나

느릿한 구름
느리고 휘어진 얼굴이 천천히 울음을 잴이는 동안
꽃은 시간을 되감고

느릿한 잠
잃어버린 당신의 잠은 어디에서 방황하고 있나

구름의 심장이 찢어지고
쏟아지는 울음이 줄기차다

단단하게 뭉쳐진 침묵이 터지면
저리도 세차게 허공을 치는구나
땅을 흔드는구나
썩어가는 냄새는 느리고
솟구치는 슬픔은 밤길 따라 붉게 퍼지는데

느릿한 물결

바람은 구불구불한 언덕을 넘어
아득하게 붉은 기억을 찾으러 간다

북재비

가둬진 소리들을 풀어주는
손,
북채를 들고 바람몰이를 한다
바람이 몰려온다
몸부림치며 회오리쳐
허공을 차며 날아오르는 수천수만의 새들
날개 파닥이는 소리
끼룩대는 소리

어둠의 뱃속을 탈출하는 소리 떼!
발자국 소리 요란하다
눈멀고 귀먹은 울음들이 구름으로 피어난다

마음을 훔쳐 달아나는 소리 떼!
투명 날개를 달고
고독하고 음울했던 시간을 연주한다

울창한 소리는 뜨거운 짐승이라서

사랑에 눈먼 짐승이라서
슬픔에 젖어서
제 몸을 비틀며 날아간다

중독되는 꽃들의 애가를 안고 날아간다
편편이 흩날리는 목소리들,
정수리까지 달리는 기적소리의 힘이 세다

아득한 구름을 말아먹으며
심장을 문지르는 붉은 손은
소리의 귀갓길을 영원히 열어줄까

아카시 난동

아카시꽃이 별로 피지 않았다고
꿀벌 치는 친구가 말했다

이상 기온 때문이라고들 한다
이상 기류 때문이라고들 한다

이상 생각 때문이 아닐까
이상 욕심 때문이 아닐까

검은 연기와 보이지 않는 연기들 사이로
보이지 않는 죽음의 손들이 안개처럼
흐느적거리며 꽃들이 피기도 전에
숨통을 죄는 건 아닐까

넘쳐나는 쓰레기더미는
넘쳐나는 유혹 광고에 밀려
자꾸 쌓여가고
어디에다 묻을까 저 많은 쓰레기들

어디에다 버릴까 저 많은 쓰레기들
태워서 없애면 그 많은 독가스들은
어디로 사라질까
정말 사라지기는 할까

소비하라 소비하라
즐겨라 즐겨라

그리하면 너의 눈이 즐거워지고
네 쾌락이 증가되리니

꿀벌이 죽어나가고
꽃들이 잉태하지 못하는
아프고 아픈 날들이 오리니

이슬의 언어

안개에 묻혀 벼꽃 한껏 피었다
시든 호박꽃에도 이슬이 맺혀
호박을 꿈꾸는 꽃에게 속살거린다

벼 잎사귀마다
가늘게 쳐놓은 거미줄에 누워 실거미들은

이슬을 마시며
벼 잎새가 자신의 먹이를 가져다 줄
바람의 옷자락이라고 여길까

벼꽃에 송송이 맺힌 이슬은 꽃들이 지면
이슬이 키운 것들이 무엇인지를 드러내리라
이슬이 꿈꾸었던 아름다운 세계가
햇살에 단단히 드러나리라

조용하고 조용한 것들이
밤새 꿈꾸며 꿈틀거리며 키워온 것들이

제 소리를 내며 기지개 켜리라

슬퍼했던 것들이 빛 바래지고
고통스러웠던 것들이 껍질을 벗어
탐스러운 열매 알알이
이슬의 언어를 드러내리라

호박이 싯누런 이빨 드러내며 말해주리라
작고도 작은 이슬이 뺨을 어루만지고
줄기를 적시고 뿌리까지 잔잔히 적셔주었다고
말없이 부드럽게 적셔주었다고
이렇게 햇살에 금빛 웃음 웃어대는 것은
소리 소문 없이 흙에 입 맞춘 이슬의 입술 덕택이었다고
작고 작은 것이 이렇게 빛나게 키워주었다고

온몸으로 전해주는 이슬의 언어가 청량하다

의자

풀섶에 누워 있는 의자
스스로를 지탱하고자 애쓰며 온몸 근육에 힘주던
경직된 세상을 등지고
강아지풀, 억새풀, 쇠비름나물에 안기어 누워 있다

어떤 이가 앉더라도 다리에 힘주고
때로는 힘에 버거워도
입 앙다물고 버티곤 하던 때가 있었다

이제 의자 덮개는 낡아 해지고
다 드러난 판자 조각은 비바람에 빛이 바래고 부서져
앙상하고 초라하다

안개 자욱한 들길에
꿈속의 꿈길 같은 길에
흙 묻은 낡은 의자가 편히 쉬고 있다

그 누구에게도 매이지 않은 자유의 몸으로

더 이상 힘겹게 버티지 않아도 되는 홀홀함으로
들판에 누워 있다

실잠자리 낮게 날며 어리광부리고 있다

제3부

하모니카

지하역에서 하모니카를 불어요
바람이 기억하는 입술은 갈대였어요
투박한 거친 입술이 고운 소리를 흘려요
지하도 환승역에 잠시 멈추었다가
종착역으로 달리는 거미줄에
사람들이 매달려 있어요
이슬방울처럼 투명한 사람들이
의자 위로 톡톡 떨어지고 있어요
하모니카는 뿌리를 가졌어요
잎새처럼 반짝이는 소리들이 흘러넘쳐요
낯선 흔들림이 따스한 소리들을 불러내고 있어요
당신은 불안한가요
그러면 하모니카를 불어보세요
제 몸 태우는 소리들이 당신을 안고
악취 나는 악몽을 흔들어 쫓아낼 거예요
당신은 불안한가요
흔들리는 공기 사이로 꽃들이 피어나는 게 보이는 걸요
하모니카는 환승역을 지나

노란 꽃이 잔뜩 핀 바닷가로 달리는군요
당신은 텅 빈 몸,
소리들이 부딪치며 소리들이 분해되어
틈서리로 마구마구 자신을 풀어내고 풀어주는
그 누구도 조명해주지 않는 스스로 빛나는 자유로운
공복
절망하는 순간에 멈추지 않고 살아서
재빠르게 살아남아서
공기를 거슬러 올라가는 소리, 그 떨리는 몸!

붉은 꽃에 대한 명상 1

너는 뜨거운 꽃이다
숙연한 나는 너를 향해서 묵도한다

한때 두려운 햇빛을 온몸으로 받았지
쏟아지는 바람이 투명한 피부를 간지럽혔지
낡은 우리에 스며들던 달빛!

안락한 꿈은 매캐한 연기 속으로
사라졌다
이제,
달빛은 무엇을 훔칠 수 있나

갇혀 돌던 선율이 목뼈에 걸려
슬픔이 어둠을 물고 경련을 일으킨다

봄은 우왕좌왕하고
꽃물은 닳고 닳아
너는 헐거워지고

나는 숨죽여 흐느낀다

꽃살 때문이야
네 붉은빛이 아름다운 맛을 내기 때문이야

붉은 불길에 뜨거운 꽃,
너는 빛깔을 잃고
잠이 든다

하얗게 달궈지는 꽃
얼음보다 싸늘한 내 입술을 지나
다시 환생하는
내 복중의 꽃!

붉은 꽃에 대한 명상 2

죽어서야 꽃으로 피어
붉은 꽃잎 점점이 상에 올랐네

우직하게 지낸 날들
노동의 꽃으로 살았네
외양간에 누운 밤
달빛이 서늘한 소맷자락으로 젖은 눈가를
훔쳤네

불우한 생을
마감한 후에야 꽃으로 불리며
환영받네
지독히 외롭거나 서럽던 순간도 위로받지 못하더니
살갗 깊숙이 빚은
인내의 파문을
그제야 읽은 것인가

슬픔이나 절망을 건너서

엄숙히, 살과 피를 내어준 꽃을 위해
경배의 잔을 들라
다음 차례에는 이 몸이
꽃으로 타오르리니.

붉은 꽃에 대한 명상 3

몸에 도장이 찍혔다

젖은 눈망울은 이제 사막 어디엔가
외롭게 떠다닐 것이다
간절한 언어들이 사나흘 바람 울음으로
천공에 흩날릴 것이다
눈 껌뻑이며 깊은 속눈썹으로 허공의
비늘 같은 슬픔을 쳐내고 있을 것이다

근육은 꽃문양 그리며 허공을 물고
물구나무서서
깜깜해진 풀밭을 내려다보고
소리를 잃어버린 성대는 바람을 만들지 못한다

혀의 순례를 위하여
검은 갈고리가 생의 무게를 재어 분류하는 동안
냉장 온도는 더 낮아지고
목 아픈 형광등 눈자위가 더 붉어진다

차곡차곡 분류된 생이 진열대에 오르고
싸늘한 잠은 깊어간다
집요한 감상은 허공의 몫

바람의 취향은 자주 변하여
꿈틀대는 열망이
근육에 피어올린 꽃은 붉디붉었다

숭어의 여행

드넓은 양수 속에서 온몸으로 출렁거렸다
폭풍 들이치면 해초들 내 품 깊이 숨어들었다
물결 잔잔하던 날
숨어든 유혹이 서늘한 욕망의 끈 흔들어
바늘에 붉게 박히는 오후
물보라 일으키며 튕겨 나온 물 위로
팔월의 태양이 지글거리고 있었다
손을 놓아버린 파도
나를 버리곤 햇살보다 빠르게 달아나는 바닷물
처음 맞은 바람이 매서웠다
낮게 날며 몸뚱이를 노리는 갈매기
더벅머리 남자는 사각의 통 속에 날 밀어 넣었다
발버둥 쳐도 나아갈 수 없는 그물의 세상
물 밖은 온통 미로였다

끝내 남자의 웃음에 섞여
물고기 내 영혼이,
번득이는 햇살에 출렁거리는

파도를 밟으며 물결에 나부끼고 있다
새로운 여행길에 올라

물레따*

너는 흔들리는구나
자꾸 펄럭이는구나
햇살과 그늘을 넘나들며
때론 바람에 비틀거리는구나

너를 채우는 바람의 양이 커질수록
너는 심하게 흔들리는구나

나는 원래 투우가 아니었어
꽃과 풀을 사랑하는 소박한 짐승이었어
넓은 초원에서 자유롭게 뛰어놀았어

이 경기장의 소용돌이가 무섭다
소리의 소용돌이 때문에 현기증이 일어.
소용돌이는 끝을 알 수 없어,
두려워
너는 왜 나를 소용돌이 쪽으로 밀어붙이는 거야

투우사의 붉은 천이
나를 흥분시키는 것이라고 생각하는 거니
나는 색맹이라서 붉은색을 알아보지 못하지
나는 초원에서 잡혀온 순진한 짐승이라
소음의 소용돌이 속에 서 있는 현재가 어지러워
불안하고 놀라서 흥분해 있는 거라구
나는 이미 흥분한 상태에 있는 거라구
투우사가 어떤 천을 흔들어도 나는 공격을 하게 되지

흔들리는 뭔가는 이미 나를 공격하고 있는 것.
붉은 천은 나의 죽음을 기다리는
관중을 흥분시키는 깃발일 터.

너의 절절한 호흡, 절절한 목소리
종소리처럼 퍼지는구나
출렁이는 비명들이 흘러가는 게 보이는구나
붉게 흔들리는 저 소리들

푸른 슬픔의 꼬리가 지쳐가는 게 보여.
신뢰가 부딪쳐 찢어지거나 추락하는 중이다
양파처럼 한 겹씩 벗겨질 때마다
울음이 벗겨나가고 울분이 벗겨나가고
상처투성이 자존심이 뼈 마디마디 흔들리지

투우장 관중들은 붉은 휘장 따라 흔들리며
내 뿔이 투우사를 공격하는 순간을 기다리지.
지쳐가는 나, 도발적인 투우사의 손짓

물레따에 숨겨두었던 칼을 꺼내어
내 목숨을 노리는 손
내가 쓰러지고
말(馬)에 이끌려 경기장 뒤로 끌려나가는 나
해체되는 나, 사라지는 나

소용돌이 소리들이
나를 구워먹는 입들이 되지

---

*물레따 : 투우사의 붉은 천.

표류하는 새

동짓날 허공을 차갑게 나는 새
갑자기 불어닥친 거친 회오리바람에 순간 휩쓸리는 새
수직으로 회전하며 내리꽂히는 바람
부딪쳐 흙바닥에 새를 패대기치고 우는 바람

새의 팔딱이던 심장이 소용돌이치는 고통에 휩싸인다
놀란 바람이 옷을 털며 몸을 추스른다
냉랭하게 일어나 옷자락을 펄럭거리며 등을 보인다
흙먼지를 허물처럼 벗어놓고 바람이 사라져 간다
새의 낭자한 핏물이 날개를 붉게 적신다
새의 어지러운 눈물이 흙을 붉게 적신다

새의 뽑힌 깃털이 바람에 나부낀다
새의 영혼이 바람에 나부낀다

향어

김씨가 건네준 물고기 한 마리
플라스틱 대야에 누워 있다
거센 유혹은 아가미에 따가운 바늘로 박혀
덫에 걸린 생은
첨벙대며 삶을 만끽하던 물길을 강제 박탈당했다
시멘트 바닥 수돗물 속에서
두꺼운 비늘이 마비된 두툼한 몸뚱이
수초들의 은밀한 몸짓이 일렁이던
깊고 푸른 호수 속의 날랜 유영을 잊어버리고
텅 빈 눈망울로 고통의 세계를 건넌다
버석거리는 사막, 숨결을 잠식하는 땅에 잡혀와
몸만 덩그러니 철제 싱크대에 누워
생의 마지막 이별 연습 중이다
어두워라 어두워라
씻기지 않을 어둠이 칼집 낸 자국마다 배어든다
깊고 깊은 어둠이 살점을 파고든다
마침내 향어는 가고
어둠이 까맣게 밀려들어 추억을 침몰시키며

물고기의 삶의 빛
당당히 균열시키고 있다

서늘한 영혼

한때의 삶이 진열된 정육점
붉게 발광하고 있다

끌려온 영혼이 몸뚱이를 찾아 방황하다가
새벽녘에 돌아와 진열대에 눕는다

먼 자궁에서부터 빠져나온 육신
다시 돌아가지 못하고
얼어붙은 그늘 속에서 맴돈다

끝이 보이지 않는 긴
검은 입속의 순례

밤마다 헤매는 그림자
빼앗긴 들판이 바람에 몇 번이고 쓰러지고
풀잎들이 기어이 일어서는구나

거리를 쏘다니는 소리들,
평생 굴레에 갇혀 살아온 짐승의
진저리치는 비명.

안개

안개 자욱한 날
바다는 해안 구석에 웅크린 채 발을 담그고
태양이 붉은 타래 풀며 오는 소리 듣는다
아주 먼 나라에서 수만 갈래의 희망을 품고
낙담한 해안으로 문득 햇살이 쳐들어오는 것이다

깊고 깊은 가슴을 열고 바다는
짜디짠 소리들이 넘치는 제 속을 열어 보인다
갈매기 울음소리에 슬픔의 바닥이 수면 위로 오른다

먹먹한 가슴의 동백꽃들이
웅얼대는 바람 속에
제 붉은 속내를 불현듯 드러내고
기약할 수 없는 망망한 바다로
제 살점 뚝뚝 떼어내는 아득한 길

어지럽게 뒹구는 찢어진 그물은
한때 삼켰던 물고기들의 비늘 켜켜이 달고

햇살에 물고기 넋과 어른거린다

안개에 휩싸인 바다가 희미하게 멀어지고
바닷가 마을은
감추어둔 그리움에 목이 젖는다

집어등

금속성의 광택을 뿌리며
집요하게 빛나는 밤
도시는 무인도로 변한 지 오래
파수꾼도 없는 망망한 바다엔
참을 수 없는 붉은 미끼만 날카롭게 빛났다
풍성하게 품어주던 물살도 마르고
미끼를 던지는 불빛의 본능에 끌려
자유를 일순간에 팔았다
유혹에 낚여 처벅처벅 끌려오는 오징어 떼들
도시의 파도소리 엔진소리 잦아들고
여덟 발 달린 어족들끼리 몸 부딪쳤다
팔다리가 뜯겨나가는 어족들

광선에 시력을 잃고 분별력이 사라진 눈
인간의 늘어진 팔들이 일제히
불빛에 다족류처럼 번들거렸다
수천수만의 언어들이 바람결에 날리고
수심 깊은 빌딩해협에 새겨놓은

활기찬 생의 흔적은 흩어져
잊혀가고 있었다

갈치집 아줌마

바다 비늘이 지쳐 누운 어물전
빛나는 바다 몇 줄 건집니다
바다의 깊은 숨을 큰 눈으로 몰래 엿보다 들켜
파도소리 아련한 식당에 누운 갈치,
바다는 토막 납니다
토막 난 바다가 은빛으로 빛납니다
냄비에 매운 독설 풀고
떠들썩한 사내들 뜨거운 숨도 풀고
이웃집 남자 부부싸움의 얼큰한 언성과
땡볕에 까맣게 탄 사내의 고단함도 풉니다

갈치조림이 참 맛있습니다

한숨과 욕지기가 섞이고
위로와 힘없는 희망이 조미료로 살살 뿌려지기 때문입니다
남루한 사내의 풀어진 눈매에
어리는 눈물이 섞이기 때문입니다

집 나간 아내가 아직 안 돌아와
기다리는 마음이 매운 국물에 자꾸 섞이기 때문입니다

갈치집 아줌마는
날뛰거나 지쳐 눌러앉은 바다 사내들
가슴 켜켜이 적셔주는
나른한 파도 한 자락입니다

아프리카의 뿔

— 소말리아(Somalia)의 분노

우리들은 꿈꾸지,
아프리카 초원에 뛰노는 영양들과 아프리카들소
떼들이 먹이를 찾아 이동할 때 일어나는 뿌연 먼지구름 떼를. 뿔들을 앞세운 들소 떼들의 그 대자유의, 대자연의 향연을. 그 파노라마를.

하지만, 이젠 그곳에는 말라가고 오염된 식수로 죽어가고 있는
검고 비틀어진, 뿔난, 목숨들만이 겨우 부들거리면서 살고 있을 뿐이다.

소말리아엔 '우물 과부'들이 산다. 극심한 가뭄은 '우물 전쟁'을
낳고, 무차별한 살육전은 '우물 전사'들을 낳고 낳고, 질병들은 번지고
죽음은 밤처럼, 꾸준히, 예사롭게, 항다반사(恒茶飯事)들로 찾아든다.

영양실조로 말라가다 비틀어지다 못해 죽어가고 있는 아이들.

소말리아, 몹시도 배고픈 나라, 몹시도 목마른 나라, 하지만

이제는 어쩔 수도 없어, 그 모두가 다 뿔이 나서 해적이 다 되어버린 나라!

지루한 가뭄은 쇠가죽보다도 더 질기고 살가죽만 남기고 탈수되어버리고 있는

아이들, 모두가 뿔뿔이 뛰쳐나와, 눈동자만 한없이 더 커져서 한없이 더 배만 고픈

저 아이들, 이미 뿔이 날 대로 다 나버려서 모든 세계인들의 삶들을 인질로 잡고

있는 저 해적들의 후예들, 이미 뿔이 날 대로 다 나버린 아프리카의

마지막 코뿔소 같은 소말리아 공화국이여!

마지막 남은 자존심들마저도 이제는 다 빳빳하게 말라붙어버려서
이제는 그 모든 삶의 소망들까지도 한꺼번에 다 증발해버리고 만 땅,
소말리아, 바스러져 한 줌 재가 되어버리기까지 너는 또 얼마나 더 마르고
또 더 말라야 하는가, 오, 사람들은커녕 소와 말들조차도 마실 물이
없을 지경이라는 소말리아 공화국이여!

오, 소말리아 공화국이여,

여기 우리가 인간에 대한 예의라도 온전하게 한번 지켜보기 위하여
여기 우리가, 여기 이렇게, 얄팍한 빈손들이나마 한번 흔들어보이나니,
앞으로 우리 서로가 먼지가 되어서라도 우리 서로가 웃으면서 한번 만나게

될 수 있을 그날까지, 아직 젖내도 채 가시지 않은, 쇠파리들만이 가득히

들끓고 있는, 저 아이들의 밥그릇에다 우선은 씹다가는 울면서 도로 내뱉어

버리게 될 모래들만이라도 한 그릇씩 가득 가득히 담아, 무럭무럭, 이 밤도

잘 자라날 수 있도록, 비록 고통에 뒤틀리는, 뒤흔들리는 꿈 또 꾸게 될지라도

너무 깊게 파도치는 그 난바다에서라도 부디부디 소진되어버리지도 말고

탈진이 다 되어버리지도 않도록.

오, 소말리아, 피를 다 말리고 있는, 우리의, 세계의 공화국이여!

구름의 눈동자

가려움을 팽팽히 잡아당기는 손,
널브러진 삶의 조각들을 촘촘히 기워
서럽고 아팠던 시간을 싸매고 있었다

먼 곳에 미리 도착하는 열차의 행보
구름은 이미 알고 있었을까
날개도 없이 잘도 흘러가는
울음의 모서리는 닳고 닳았을까

삶의 어깨는 이제 더 이상
과거를 기억하지 못한다

구름은 너무나 많은 얼굴과
무수한 익명과 차명을 사용하였으므로,
구름의 울음은 정처가 없어서
어디든지 흘렀으므로
흔적은 어디서든지 발견되었으므로
구름의 본적은 찾을 수 없었다

구름은 낮은 지붕에서만 흘렀으므로

낮고 낮아 집도 없는 순례자들이
구름의 얼굴을 맞닥뜨렸다

구름의 눈동자는 늘 젖어 있어서
슬픔에 젖은 여행자가
온몸이 젖어서 만나게 되는
깊고 서늘한 울음의 동굴이다

당신의 뼈가 울음 울 때
비로소 구름의 눈동자가 당신을 향해
휘파람 같은 눈빛을 쏠 것이다

아프고 서러운 영혼이 수많은 파문을 공중에 띄웠으므로
이제 꽃구름 허공에 찬연하게 피워 올릴 것이다

울지 마라, 바람이여

울지 마라, 바람이여
사람의 눈물이 불꽃으로 일렁이고
침묵이 타들어가 가슴의 재가 되는
기나긴 진통의 시간
달이 머무는 자리마다
그리움도 목이 쉬어 가는데

서러움이 촉촉한 자리
그대 눈가에 소용돌이치는 그늘진 숲이 있네

뒤척이며 몸부림치는 당신의 상처를
우주의 깃털이 어루만지는 손길을 느껴보라

삶의 무게는 꿈틀거리는 구름의 어깨에 얹어
날려 보내고
허기나 생의 파편을 연기처럼 풀어헤쳐보라

꽃등을 켜는 사내

메아리치는 포효는 회오리바람 일으키고
뼈를 바람 앞에 세워 힘차게 돌진하는
저 갈기들

비릿한 푸른 핏줄 새기고
아픈 소리들 안고 돌고 도는 바람의
여윈 숲 그늘에는
지친 별이 발을 씻고
낯선 어둠을 밀어내고 있네

제4부

눈물의 무게

밤새 폭 고꾸라진 꽃나무
무엇이 저리도 무거웠을까

비바람에도 꿋꿋이 견디어내더니
싸르륵싸르륵 나비 날개처럼 내려앉은
가냘픈 눈송이가 저리도 버거웠을까

설핏설핏 날리던 말들이 쌓이고 쌓이면
돌멩이의 중력을 가진다는 것

당신이 날마다 던진 돌멩이는
내 가슴 우물에 차곡차곡 쌓여
끝내 철철 넘쳐 당신을 싣고 빙글빙글 돈다는 말씀

아서라,
입술이 던지는, 나비 날개보다 가벼운 말들이여
가슴속까지 날아가지 말아라
붉고 여린 그곳에 눈물샘이 고이면

가지들 툭툭 분질러지고
붉은 꽃들 뚝뚝 떨어져
사방이 아픔으로 신열을 앓으니

민들레 꽃씨처럼 들판으로 날아서
흙바람 속에서 외로이 춤추어라

닭집 여자

여자가 잠시 눈을 감았다가 뜬다
그녀의 긴 호흡은 더위 탓인가

칼을 꽉 쥔 손
날렵하게 제물을 헤친다

진지하게 의식을 치르는 여자
도마 위 칼날은 단호하다

마저 남은 미련도 버리라는
서슬 퍼런 기원인가

이윽고 귀에 날개 퍼덕거리는 소리 들린다
천상의 횃대를 찾는 세찬 소리

닭집 여자
칼을 쓰윽 씻고 제례를 마친다
그제야 땀을 닦는 여자 얼굴 닭 볏처럼 붉다

꽃가루 날리던 날

정처 없이 떠도는
낯선 포옹을 위한 유랑길 멀다

꿈의 속도로 날아가는 날개들

인연들이 풀리고
흩어져
허공에 둥둥 떠서
햇살집으로 들어가는 사월,

꽃들의 상흔은 깊다

복날

영덕 대둔산 자락, 오십천 상류
용추폭포에서 갓 돌아나온 물이
은어 떼처럼 팔딱거리며 흘렀다
신안리 입구, 교각 아래 짐승의 울음소리도 잠시
온몸 그을리며 개는 등신불이 되었다
짐승의 털을 태우며 사내는 왜
엄숙한 표정을 지었을까

배고프면 제 살을 뜯어먹는 짐승처럼
오늘 하루도 뜯어먹었다

죽은 개 속에 들어 있는 벌레를 먹고
벌레 속에 들어 있는 풀을 먹고
풀 속에 들어 있는 무생물을 먹고
내가 나를 먹고

시간의 살점을 시간에게 뜯기면서
악착같이 살아 있는 것들의 살을

수많은 입들이 서로 먹고 먹힌다
붉은 피 흥건한 하수구 입구
태양이 질려 종일 토해낸 하오의 붉은 피.

참치꽃

먼 바다에서 다랑어 수십 마리 배달되었다
아가미 없이 내장도 꼬리지느러미도 없이
꽁꽁 얼어 하얘진 몰골로 이송되었다

절단된 꼬리는 저 혼자 물 헤치며 방황하고 있을 것이다

참치 하역장 사내가 무게를 단다
저울질되는 몸뚱이
꿈, 추억은 계산해주지 않는다

사내가 회를 뜬다
물무늬가 참치 살결마다 깊게 새겨져 있다
붉은 속살에 바다의 사랑이 배어 진하다

힘차게 헤엄치던 날들이 묻히고
영혼을 적시던 서늘한 짠물의 손길도 멀어졌다
차돌 같던 투지도 잘려 나가고

오직 붉은 살로만 생을 꽃처럼 장식하였다

바람의 혀

불안한 소리들이 달려온다
나무들의 몸부림이 소란하다

흔들리며 휘어지는 것들의 아우성
무성한 잎들이 후드득

바람의 혀는 날카롭고 빠르다

바람의 거친 발소리에
바스락거리며 부서지는 가여운 몸들

쓰라린 후회는 아픈 유산이다
가슴에 박힌 가시
하얗게 말라가는 잔가지들
흩어져 날리는 이파리들의 신음

키워준 것들을 하나씩 잃어가는 건
가슴에 허공을 하나씩 키워가는 일

그러나 나무의 어깨는 단단하다
흔들리더라도
쓰러지지는 않을 것이다

바람의 혀가 나른한 유혹을 뿌린다 해도
말발굽처럼 굽이치며 후려친다 해도
진실은 어둠에 매몰되지 않는 힘을 지녔으므로
매서운 갈퀴에 아물지 못하는 상처는
정신을 깨우는 쓰리고 쓰린 약이므로.

수중 꽃

갈라진 물결 사이로 남자가 해체되었다
버림받은 물결이 씰룩거렸다
야생을 박제시키는 검은 파도가 손사래를 치며
까마득히 몰려오고,
몰두하며 할퀴는 물방울들은
구름 속으로 떨어뜨리는 깃털만큼 가벼운 울음과
천둥 같은 피울음을 조금씩 나눠 마셨다

소리들은 바다 속으로부터 솟아나와
몽상으로 절묘하게 파고들었다

뺏뺏해진 바다가
입맞춤을 하고 어깨를 걸어 왔다
태양은 쉽게 식어버렸고
바다의 수많은 구멍들은 빛을 마셔버렸다

뒤틀리고 갈라지고 찢어지는 꿈이
보랏빛으로 흩어졌다

꽃잎이 멍든 몸으로 물결 위해서 만가를 나지막이 불렀다

갈매기의 반란은 신선했지만 그것뿐이었다
날개는 쉽게 찢어졌고
밀림 같은 기억들이 쉽게 소문을 믿었다

바다의 내장은 지나치게 구불구불해서
식탐을 절제하지 못하였다

잔혹한 갈증이 사내를 꽃으로 키웠다
퉁퉁 불은 꽃이
꽃잎을 붉게 열어젖히더니
사내아이를 토해냈다 아이는 해처럼 밝아져서
또르르 집안으로 굴러들어갔다
사내의 여자가 울음을 게워냈다 또르르 물방울처럼 날아간 아이가
뿔을 두 개 달고

해처럼 솟았다

갈매기 깃털이 떨어져 날렸다
하늘에 가두어두었던 수많은 깃털이 하얗게 흩날렸다

우기의 끝

빗줄기가 키워낸 여자를 만났네

하얀 살결이 햇살에 빛났네
치렁한 머리카락이
언덕길 바람결을 출렁출렁 흔들었네
침묵을 숙성한 입술은 단물을 머금은 깊은 심연에
제 뿌리를 박고 있었네
흠뻑 취한 여름은 품은 시간을 먹이고 길러
비릿한 시간들을 적시고 적시면서
발효시켰네

아릿한 고통의 맛, 비린 슬픔의 맛을 끌어안고
아름다운 뿌리로 우뚝 설 때까지
외로운 시간은 햇살을 도둑질하는 손들을 함께 적셨네

젖어 어설픈 지루한 시간도 하얀 살갗으로 탈바꿈되는
우기의 끝에는
무밭 무들 버섯처럼 쑥쑥 자랐네

낙엽을 미행하다

바람 몇이 길을 슬슬 기어가다가
쓸려가던 은행잎들 속으로 몸을 말고 들어간다
제 쓸쓸함을 감추고
제 빈손을 감추고

허기져 노래진 얼굴이 사라지고
빗줄기에 젖은 궁상도 노랗게 채색되어
잠깐 햇빛에 찬란하다

버둥거리던 은행잎이 떼구루루
제 꿈인 양 품고 나동그라진다

바람은 그렇게 배고픈 계절을 날 것이다
춥고 아픈 시간을 노랗게 스스로 불붙이며
어딘가에 숨어서 몸을 말고
봄을 기다릴 것이다

숨을 죽이고

몸을 낮추고

한때를 건널 것이다

햇살 연인

실버 캐어

지친 별들이 누워 숨 쉬는 방
가물거리는 빛이 아련하다
갈 곳 없는 별이 멀거니 창밖을 본다

능소화 붉은 웃음이 허공에 발자국을 찍으며 다가온다
생을 불살라 남은 뼈들 숯검댕 가슴마저 하얗게 탈색되고
병든 사내 침상이 화염무늬다
벗어날 수 없는 눈부신 뼈들이 투정부리는 몸을 이리저리
햇살에 헹군다 떨어진 빛들 두런거리는 소리, 휘어져 환부마다
피어나는 따가운 허기 달래면 성급히 귀를 막고 잠드는 의식
다시 사르르 타오르는 옅은 빛살
똥을 싸고 울음 우는 팽팽한 자존심 윤이 나게 닦는다

여전히 방앗간 벼를 찧고 범인을 잡고
소를 모는 할아버지 아지랑이 속으로 걸어간다
출출한 문을 열고 세상의 아침을 여는 손
햇살 부드러운 집

그 집에 능소화 피고
능소화 산다

초록 사과

고독의 질량이 무거워질수록
자유로운 영혼의 날개는 보다 가뻔해져

푸른 여름 사과는 야물지 않은 속으로
단단한 땅바닥을 파고들며 제 울음을 묻었다

등나무

등나무 한 그루
철근 콘크리트 장대에 얼기설기 몸 걸치고
폭염을 온몸으로 맞고 있다

등나무 아래 앉은 노인
줄기 사이로 조각난 하늘을 본다

지나온 시간의 자취
가슴에 흐르는 우렁찬 물소리

적막한 여름 한낮을 뚫어버리는
가슴 한복판
무수한 구멍의 정체는 무엇인가

꽃 피던 자리에
울음이 피어 잎사귀로 팔랑거린다
비린 잎이 사방에
쨍쨍한 햇살을 빨아먹고 있다

거미

허름한 처마 밑
외벽을 따라 기어가며 실날 풀어
끈적거리는 덫을 놓는다

허공을 끈질기게 천착하는 습성이
집요한 생명의 씨줄을 자아내어
불안한 목숨을 잇댄다

따사한 둥지와 동시에 만나는
죽음의 날줄들

몸 훑고 지나가는 바람에도 바락바락 견디며
허허로운 공중에 곡예의 삶을 오롯이 세우는 것은
정직한 밥이 때론 눈물에 젖은 밥으로
생을 출렁거리게 하기 때문이다

마른 나뭇잎처럼 흔들리는 타인의 목숨을 빌려
자신의 나날을 연명하는 숙명

허공을 갈라 하나씩 덫을 놓곤
길고 깊은 어둠의 세계를 수행자처럼 건넌다

항해 보고서
— 무진기행(霧塵紀行)

어부가 강줄기 하나를 건져올렸다

노을 아래 흐릿한 배경으로 누워 있는 사내
그가 놓아버린 작은 물줄기는
숨이 차서 나무 밑동을 흔들었다
강으로 흘렀던 사내는 어지럽게 헝클어져 있었다
한때 도시의 줄기였고 실핏줄이었던 몸이
실밥처럼 풀어져 멍하니 누워

둘러선 눈동자마다 희미하게 어리는 그림자
사람들 하나둘
배처럼 자신의 물길을 따라 떠나고
거무충충한 사방에 깔리는 서늘한 공기
세상을 할퀴며 싸우던 지난날이 앙상한 뼈마디로
온몸으로 누워 있었다

항해 중에 멈춘 항해를 포기한 폐선이
삐걱대며 자신이 만들어온 물길을 멈추어

끌고 온 물길은 저희들끼리 흩어져 출렁거리고
온몸으로 내려앉으며 나른한 상을 차리는 먼지
제 몸을 비우고서야 채워가는 이 무진(霧塵) 세상의 평온함이
지상에 천천히 뿌리를 내리는 저녁
지독하게 사랑한 세상을 놓아버리고

이제 먼 바다로 돌아갈 그는
희뿌연 안개 속에 스며들어 천천히 흐르고 있었다

세탁소 박씨

끈질기게 깁고 기워도
금세 앞질러가 자신과의 틈이 벌어지는 가겟세
세 때문에 다투다 아내는 울음을 터뜨렸다
지하 영세 공장 남자들의 일당마다
고단하게 배어든 얼룩과 땀이 휘발성 용제에 탈기되는 동안
사내는 가슴팍에 길을 뚫고 가느다란 실로
어제와 오늘을 잇는다
언제나 자신을 향해 지친 팔 휘두르며
타인의 바짓가랑이를 들어
기계적인 일상을 견딜 만큼만 남겨두고
자투리를 자른다
한 땀 한 땀 시간을 옷자락에 박는다
아내와 투닥거린 아침이 실에 붙어
자꾸만 헝클어진다
비뚤어진 이음새를 천천히 풀어 다시 잇대며
아귀 맞춤을 반복하는 사내
눈물방울 떨구던 아내가 다시 가위질을 시작하자,

'세탁소 박씨'인 사내도
그제서야 제대로 이음새를 맞춘다

해설

자유를 욕망하는 소금의 유전과 숭고한 봉헌

윤의섭 시인

시에서 보이는 일상은 결코 평범하지 않다. 그 일상은 치열한 생존의 현장을 보여주며 온갖 희로애락으로 점철된 시공간이다. 그러므로 시에서의 일상은 오히려 비일상에 가깝다. 한가로운 산책자의 시선으로 봐도 일상은 감동과 깨달음으로 만연되어 있다. 그와 함께 세심한 관찰자의 시선으로 들여다보면 일상은 항상 들끓고 있다. 이번 권순자 시인의 시집에 생생한 삶의 기록으로 담아놓은 일상 역시 평범한 일상은 아니다. 거기에는 자유에 대한 욕망이라는 본능적 담론이 표출될 수밖에 없는 걸쭉한 삶의 면면이 파노라마처럼 펼쳐져 있다.

시집에는 특히 바다와 관련된 온갖 이야기들이 등장한다. 시 제목만 보더라도 '갈치', '고래', '조개구이집',

'뱀장어', '부두 어시장', '홍어' 등등 싱싱한 비린내 끼치는 바다의 풍경이 보이는 듯하다. 시인의 일상과 가까운 곳에 있을 법한 이 소재들은 시집에 녹아들어 시인의 격정적인 서정과 지향점을 드러낸다. 그 가운데 '자유'라는 두 글자를 강하게 떠오르게 하는 시편들이 다수 눈에 띈다. 어쩌면 이 '자유'에 대한 욕망이 권순자 시인의 시생(詩生)에서 가장 핵심적인 원기(元氣)가 아닐까 하는 생각이 든다. 그것도 아주 오래전 시인에게 심겨진, 시인의 정체성을 규정하는 유전인자처럼 새겨진 것이 아닐까 하는 생각. 이렇게 이번 권순자 시인의 시집에는 시인의 본질적인 세계관이 고스란히 드러나 있는 듯이 보인다. 그렇다면 '자유'에 대한 욕망은 어떠한 양상으로 시적 주체에 의해 추동되는 것일까.

> 지하역에서 하모니카를 불어요
> 바람이 기억하는 입술은 갈대였어요
> 투박한 거친 입술이 고운 소리를 흘려요
> 지하도 환승역에 잠시 멈추었다가
> 종착역으로 달리는 거미줄에
> 사람들이 매달려 있어요
> 이슬방울처럼 투명한 사람들이
> 의자 위로 톡톡 떨어지고 있어요

하모니카는 뿌리를 가졌어요
잎새처럼 반짝이는 소리들이 흘러넘쳐요
낯선 흔들림이 따스한 소리들을 불러내고 있어요
당신은 불안한가요
그러면 하모니카를 불어보세요
제 몸 태우는 소리들이 당신을 안고
악취 나는 악몽을 흔들어 쫓아낼 거예요
당신은 불안한가요
흔들리는 공기 사이로 꽃들이 피어나는 게 보이는 걸요
하모니카는 환승역을 지나
노란 꽃이 잔뜩 핀 바닷가로 달리는군요
당신은 텅 빈 몸,
소리들이 부딪치며 소리들이 분해되어
틈서리로 마구마구 자신을 풀어내고 풀어주는
그 누구도 조명해주지 않는 스스로 빛나는 자유로운
공복
절망하는 순간에 멈추지 않고 살아서
재빠르게 살아남아서
공기를 거슬러 올라가는 소리, 그 떨리는 몸!

—「하모니카」 전문

이 시집에서 단연 가편이라고 할 만한 위 시는 '하모니카’와 그 하모니카를 부는 ‘몸’의 동질성을 통해 ‘자유’라는 이념이 어떻게 실존이 될 수 있는가를 보여주고 있다. 시의 화자는 지하역, 혹은 지하철에서 ‘하모니카’를 부는 누군가를 보고 있다. 특이한 것은 말하는 주체, 즉 화자의 화법이다. 첫 행 “지하역에서 하모니카를 불어요”를 보면 화자가 하모니카를 부는 것처럼 보일 수 있다. 그러나 바로 다음에 이어지는 “입술은 갈대였어요”라든지, “투박한 거친 입술이 고운 소리를 흘려요” 같은 부분을 보면 하모니카를 부는 주체는 화자가 아님을 알 수 있다. 지시 대상인 “당신”은 시 중반 이후에 등장하는데 이때까지 우리는 마치 화자가 스스로에게 말하는 듯하면서 동시에 청자라고 할 수 있는 ‘당신’에게 말을 건네는 화법에 빨려든다. 시인은 ‘해요’체의 묘미를 한껏 활용하고 있는 것이다. 화자는 하모니카를 불면 “흔들리는 공기 사이로 꽃들이 피어나는 게 보이는 걸요”라고 말한다. 대개 지하역에서 ‘하모니카’를 부는 사람은 걸인이다. 그러므로 ‘투박하고 거친’ 입술을 가진 그의 삶은 궁핍할 수밖에 없을 것이다. 그런데 화자는 하모니카를 부는 ‘당신’에게서 “노란 꽃이 잔뜩 핀 바닷가로” ‘분해’되어 달려가는 “텅 빈 몸”의 ‘자유’를 본다. 이때 화자는 속에 빈 공간이 많은 울림통인 ‘하모니카’와 그 하모니카를 부는 ‘공복의 텅 빈 몸’을 동일시하고 있는 것이다. 따라서 ‘악몽을 쫓아내고’, ‘꽃들을 피우는' 하모니카를 불면 '당신'도 "절망하는 순간에 멈추지 않고 살아서" '공기를 거슬러 올라가는 떨리는 몸'이 되는 것이다. 이 '당신'은 '스스로 빛나는 자유로운' 사람이다. 화자가 본 것은 결국 자유롭게 변전하는 '당신'이다. 시인의 시선은 이렇게 '당신'에게 자유를 부여하는 방식으로 '떨리고 있다'.

썩어가며 꿈을 자주 고쳐 꾸다가
비늘이 굳어지고 눈물은 말라갔다
앙다문 울음은 물큰한 내음을 어룽지며
알싸한 맛을 키웠다
새까만 새끼들이 썩어가는 세월을 발라먹는 동안
옹근 심줄도 연골도 삭아
매끄럽고 탄력 있는 성명들은
어미 애비라는 시큼한 이름으로 남았다
비린내 나는 근력은 곰삭아

푸른 시간도 함께 부패되고
지느러미는 항해를 잊었다

이제 붉은 맛으로 혀를 찌르고
온몸으로 물살을 불러

목구멍을 쏘리라

물길은 지워지고 비좁은 바다로 흘러가리라
뜨거운 바다 네 가슴속에서
물결치리라
저문, 지친 하루를 피어올리고
타오르는 석양처럼 붉게 데우리라
어두워진 속을 확 밝히리라
소멸하는 순간 가장 빛나는

—「홍어」 전문

앞의 시와 마찬가지로 이 시 「홍어」도 시적 대상과 화자가 동일성을 이루는 화법, 즉 화자가 자기 자신에 대해 말하는 듯하면서 '홍어'의 생각을 대신 말해주는 방식으로 전개되고 있다. 그러면서 화자는 강렬한 메시지를 전해주는데 그것은 '곰삭은 홍어'의 독특한 성질을 기반으로 하여 이루어진 세상을 향한 '의지'이다. 시인은 홍어가 삭아가는 과정을 "썩어가며 꿈을 자주 고쳐 꾸"는 것으로 파악한다. 홍어의 꿈은 시의 후반부에 나타난다. 그런데 시인은 흔히 보이는 양상으로 시를 귀결시키지 않는다. 특이하게도 '홍어'는 '바다'를 가슴속에 품은 것이다. "뜨거운 바다 네 가슴속에서/물결치리라"라는 부분은, '항해'도 잊어버린 세월 속에서 남아 있는 것이라곤 "붉은 맛으로 혀를 찌르"는 것뿐인 홍어가 꿈꿀 수 있는 가장 최선의 풍경을 보여준다. 홍어가 곰삭아 가며 탄생시킨 바다는 홍어가 노닐던 바다와는 다르지만 홍어가 지금 여기서 할 수 있는 최선의 복수이자 최선의 탈출 행위에 의한 결과이다. 시인은 '홍어'에게 자유의 지느러미를 달아준 것이다. 곰삭고 곰삭아 녹아버리는 순간, 그러니까 "소멸하는 순간 가장 빛나는" 홍어의 마지막 모습은 그 어떤 어둠도 물리칠 수 있는 자유의 양태이다. 그렇게 권순자 시인은 현실의 고역에서 벗어나고자 한다.

광장에 선 소나무
온몸에 전등불 켠다

한겨울 잠에서 깨어나
사방의 소음에 귀를 연다

푸른 잎 잃은 자리마다
밤마다 꽃피지만
끊이지 않는 악몽이 실핏줄마다 박힌다
예리한 빛에 쪼여
안구가 충혈되고

아픈 껍질 떨어져나간 자리
찬란한 사슬로 얼얼하게 묶여 있다

밤 없는 밤
치명의 독인 빛을 게워내 보지만
진정되지 않는 속,
굴레이거나 이미 관습이 되어버린 장식의 삶

날마다 환한 빛이 온몸에 감긴다

—「사슬에 대하여」 전문

시인이 바라보는 현실은 '사슬'의 '굴레'로 묶여 있다. 시에서 '소나무'는 '전등불'을 이어놓은 전깃줄에 감겨 있는 듯하다. '소나무'뿐만이 아니라 우리 주변에는 사람의 눈을 즐겁게 하기 위해 전깃줄로 휘감아놓은 나무들이 많다. 나무가 커갈수록 전깃줄은 '사슬'이 되어 나무의 살을 파고든다. '치명적인 독인 빛'은 나무를 죽이는 중이다. 나무의 생태에 관심이 없는 사람들은 나무를 한낱 "관습이 되어버린 장식의 삶"으로 대할 뿐이다. 시에는 표면화되어 있지 않지만 우리는 이 시를 통해 시인이 말하고자 하는 바가 무엇인지를 명확히 알 수 있다. 그것은 '굴레'와 '사슬'을 벗어나야 한다는 '자유'에 대한 갈망인 것이다.

한편 나무의 고통을 바라보는 시인의 시선에는 조소가 섞여 있다. 이 부분이 권순자 시인의 시집에 종종 등장하는 독특한 반어라고 보인다. 위 시에서는 '찬란한 사슬'과 '환한 빛'에서 비판적인 반어의 조소가 느껴진다. 다른 시에서는 "온몸 그을리며 개는 등신불이 되었다/짐승의 털을 태우며 사내는 왜/엄숙한 표정을 지었을까"(「복날」) 같은 부분에 시인의 비판적 의식이 블랙유머의 반어로 표출되어 있다. "칼을 쓰윽 씻고 제례를 마친다/그제야 땀을 닦는 여자 얼굴 닭 볏처럼 붉다"(「닭집 여자」) 같은 구절에 이르면 우리는 권순자 시인의 농익은 화술에 절로 미소를 짓게 된다. 닭을 토막 낸 '닭집 여자'의 행위에 대한 이 해학적인 표현은 세심한 배려와 관찰의 힘에서 도출된 것이리라.

권순자 시인의 시선은 이렇게 우리 인간사의 이면을 폭로하며 '자유'에 대한 욕망을 도처에서 보여주고 있다.

고래가 돌아왔네
두려움을 이기고 황금빛 바다를 보며
모두 침묵하는 순간
고래가 떠올랐네

자, 내가 돌아왔다!
포경선을 올리지 마라
나는 영일만에서 노닐던 먼 할아버지의
뼛속의 뼈였다네
모든 목마른 노래들을 한꺼번에 들려다오
이 씩씩한 육체에 노니는 영혼의 물결을 내버려다오
사랑의 부재는 삶을 더욱 무겁게 하리니
욕망에 이지러진 얼굴에 소박한 소망을 떠올려다오

정열은 폭풍처럼 오지만
가엾은 죽음의 뿔을 세울지도 모르지
불타는 목마름을 추구하지 말지니
경박한 번민은 너를 찌르고 오래 절규할지도 몰라
은밀한 꿈으로 순결한 자들의 눈물을 지켜다오
바다는 때로 야수 같아서 너의 휴식을 약탈할지도 몰라

환상에 젖은 사내여
나에게 갈고리를 던지지 말라
그대가 건져 올린 금화는 그대 눈을 씻어줄 수 없는
검은 악마의 유혹의 손길일지도 몰라
모든 염원하던 것들도 끝내 사라지리니
구릿빛 사내여, 나에게 갈고리를 던지지 말라

이 동해에서 오래오래 나를 춤추게 하라

—「고래」 부분

우선 눈에 띄는 위 시의 특징은 고래에 대해 이야기하는 화자와 고래의 입장으로 말을 하는 화자가 번갈아 가며 등장한다는 것이다. "자, 내가 돌아왔다!"와 "환상에 젖은 사내여"로 각각 시작하는 연에서는 고래의 입장이 되어 고래가 바라는 말들을 대변하고 있다. 다른 연에서는 특히 "은밀한 꿈으로 순결한 자들의 눈물을 지켜다오"에서와 같이 고래에 대한 연민의 목소리를 직접적으로 드러내고 있다. 이처럼 고래와 인간의 입장을 두루 전달하는 시를 통해 시인은 '고래'라는 상징적 동물이 가져야 할 당연한 권리인 자유를 이야기하고 있다. 그 '자유'의 구체적인 양태는 "이 동해에서 오래오래 나를 춤추게 하라"로 나타나 있다. 어쩌면 권순자 시인이 갖고 있는 자유에 대한 욕망은 '영일만'이라는 포항의 바다가 상실한 저 '고래'의 꿈에 의해 발원된 것일지도 모른다. 한때 번창했던 고래를 이젠 찾아보기 힘든 현실은 인간의 사욕과 인간의 소유욕에 의한 것이다. 결국 권순자 시인이 찾아 나서게 된 궁극의 꿈은 '춤추는 고래'로 표상되는 '자유'일 수밖에 없는 것이다.

그렇다면 유독 권순자 시인이 '고래의 자유'를 바라게

된 계기는 어디에 있는 것일까. 단순히 '바다'나 '포항'과 인연이 있기 때문일까. 여기에는 보다 근원적인 이유가 자리 잡고 있다고 보인다. 그 근원을 찾아가는 과정에서 잠시 발길을 멈추고 자유를 욕망하는 시인의 시선을 좀 더 따라가 보고자 한다.

미꾸라지는 구름처럼 흐르고 싶었을까
함지박에서 요동치는 몸놀림이 곧 구름 사이로 들어갈 것 같다
부풀어 오르는 상상으로 삶의 경계를 넘어
무한의 허공으로 스며들 기세다
상처투성이 될지라도 기어코 오르고 말겠다고 함지박을 기어오르는
저 몸부림!
외로운 투지는 바닥을 드러낼지언정
이 상황을 변환시키겠다고 발버둥이다
흘러가는 시간이 홀홀히 가지는 않을 것이다
붉은 꽃보다 더 붉은 피를 흘리며
시간은 자신의 족적을 남길 것이다
미꾸라지를 파는 사내는
미꾸라지처럼 파닥거리는 자신을 본다

—「미꾸라지의 상상」 부분

어느 시장에서 목격했을 법한 '미꾸라지'와 그것을 파는 '사내'를 그리고 있는 이 시는 시인의 관심사가 언제 어디서든 일관된 지향점을 갖고 있다는 점을 보여준다. 주지하듯 미꾸라지는 바다에서 잡히지 않는다. 즉, 앞서의 시편들을 통해서도 확인할 수 있지만 바다와 관계없어도 시인의 의식은 항상 구속되어 있고 한계에 직면한 대상을 포착하고 그 상황의 본질을 파고드는 것이다. 어느 개울이나 논에서 잡혀왔을 미꾸라지를 보며 시인은 미꾸라지가 '구름처럼 흐르고 싶다'거나 '무한한 허공으로 스며들 기세'를 가졌다고 말한다. "함지박을 기어오르는/저 몸부림!"으로 미꾸라지가 탈출하여 누리고 싶은 것은 바로 '자유'이다. 그것에 대한 의지는 너무나 강렬하여 미꾸라지로서는 도저히 불가능한 "이 상황을 변환시키겠다"는 '투지'가 끓어 넘친다. 자유롭게 살고자 하는 의지를 바라보는 시인의 시각은 마치 자신이 미꾸라지라도 된 것처럼 생생하게 '함지박' 안에서 벌어지는 상황의 본질을 꿰뚫어 본다. 더 재밌는 것은 시의 종결부에 이르면 그 '미꾸라지'가 그것을 파는 '사내'로 치환되어 표상되고 있다는 점이다. "미꾸라지를 파는 사내는/미꾸라지처럼 파닥거리는 자신을 본다". 어떻게든 한 마리라도 더 팔겠다고 '사내'가 발버둥치는 모습은 곧 살고자 발버둥치는 '미꾸라지'와 같은 입장인 것이다. 그런데 시인은 자연스럽게 '미꾸라지'와 '사내'를 등가의 관계로 설정하고 있지만 사실 그 둘의 관계는 결코 그럴 수 없는 관계이다. 구속자와 구속시킨 자의 관계이기 때문이다. 그러나 우리가 그 둘의 관계 맺음에 이질감을 느끼지 않는 이유는 내적인 관계의 친밀성 때문이다. '미꾸라지'가 구속자라면 그 구속자를 매개로, 그것이 잘 팔려야만 자신도 그날의 어려운 상황을 벗어날 수 있는 입장에 있는 '사내' 역시 어떤 의미에서는 '미꾸라지'에게 얽매인 '구속자'가 될 수 있는 것이다. 그러므로 '함지박' 안에 갇혀 있는 '미꾸라지'와 그것을 보며 자신의 얼굴을 보고 있는 '사내'와의 관계는 저 어느 한 지점에서는 같은 지향점을 향해 나아가고 있는 역설적인 동질성으로 맺어져 있는 것이다.

> 저희들끼리 쪼다고 부리마저 예리한 칼날에 잘리고
> 번들거리는 알전구 때문에 자꾸만 알을 낳는다
> 사각의 철망 좁은 계사
>
> 축축한 바닥에서는 악취가 버섯처럼 자란다
>
> 심부전증 앓던 닭
> 끝내 혼으로 훨훨 홰를 친다
> 잃어버린 횃대를 찾아

더 이상 알전구의 고문 없는 푸른 초원으로

야생의 부리 쳐들고.

—「양계장에서」 부분

이제 의자 덮개는 낡아 해지고

다 드러난 판자 조각은 비바람에 빛이 바래고 부서져

앙상하고 초라하다

안개 자욱한 들길에

꿈속의 꿈길 같은 길에

흙 묻은 낡은 의자가 편히 쉬고 있다

그 누구에게도 매이지 않은 자유의 몸으로

더 이상 힘겹게 버티지 않아도 되는 홀훌함으로

들판에 누워 있다

실잠자리 낮게 날며 어리광부리고 있다

—「의자」 부분

위의 두 시에서도 마찬가지로 현실의 한계를 벗어나 '자유'를 향해 나아가고자 하는 대상의 의지가 확연하게 드러나고 있다. '자유'를 표상하는 데에는 생물이든 무생물이든 구분이 필요 없다. “사각의 철망 좁은 계사”에 갇힌 ‘닭’은 ‘부서지고 바랜’ ‘의자’와 같은 입장인 것이다. 이들은 모두 일관된 가치관을 지향하는 시인의 시선에 포착된 ‘자유를 갈망하는 구속자’들이다.

그렇다면 권순자 시인이 시를 통해 욕망하는 ‘자유’의 의미는 무엇일까. 이는 시적 대상에 대한 시인의 시각을 따라가 보면 금세 알 수 있다. 시에서의 시각이란 시인이 갖고 있는 세계를 대하는 태도이다. 그리고 권순자 시인은 세계를 자신과 동일시하는 태도를 갖고 있다. 권순자 시인의 시에서는 대상에 대해 관찰자적으로 말하기도 하고 대상의 입장이 되어, 아니 대상 자체가 되어 대상의 생각을 보여주기도 한다. 이러한 방식이 시에서 나타나는 흔한 양상이라고 치부할 수는 없다. 그것은 세계에 대한 끌어안기, 다시 말해 세계에 대한 격한 사랑에서 비롯되는 것이기 때문이다. 바쁜 현대인의 삶 속에서 우리의 일상은 무의미하게 스쳐 지나기 십상이다. 자기 자신만이 소중하고, 주변을 둘러볼 여유는 없다. 그렇다고 우리가 우리의 내면이라도 깊이 있게 응시하는가. 바깥을 잊어버렸다면 안쪽은 안쪽으로서의 의미를 상실할 수밖에 없다. 그렇기 때문에 권순자 시인이 보여주는 세계에 대한 인식 태도, 즉 세계를 자신과 동일시하는 태도는 바깥과 안쪽을 같은 것으로 보는 일원론적 세계관이라고 할 수 있다.

그것은 세계에 대한 끝없는 관심과 사랑을 통해서만 가능한 것이다. 그리고 그 사랑은 세계의 모든 부자유와 억압의 상태에 속한 것들에게 '자유'를 가져다주려는 욕망으로 표상된다. 결국 권순자 시인에게 있어서 '자유'의 본질은 '사랑'이다.

이제 그 사랑, 그 자유가 어디서부터 시작된 것일까에 대해 본격적으로 생각해볼 단계에 이르렀다. 단순히 '바다'와 관련된 대상에 대해서만이 아니라 세계의 모든 대상을 통해 권순자 시인이 그토록 갈망하는 자유에 대한 의지는 어느 순간 갑자기 나타난 것이 아니라고 보인다. 이는 다음 시를 통해 분명히 확인된다.

아버지 입원 중이시다
다 떠나간 염전에서
끝까지 바다를 일구시더니
이제 소금기만 남아 누워 계시다

단단하고 올곧으시던 몸 용해되어
이젠 형체조차 알아볼 수 없다
그가 흘린 땀, 그 소금이
내 온몸 혈관을 타고 흐른다
그가 지고 나르던 소금의 무게가

죽음의 무게로 흔들릴 때마다
내 늑골에서도 죄스런 소금 알갱이가 맺혔다
내가 허우적거릴 때마다 잡아주시던 손
흰 꽃가루가 묻어나던 그 손이
곁에 있어도 마냥 그리워지는 날
아버지의 머리에서는
눈발처럼 허연 소금의 뿌리가 드러나고
모든 추억은 소금창고에 침묵으로 쌓여 있다

그가 물려준 짜디짠 이 목숨,
누군가의 가슴에 스며들어가
쉬 무르거나 부패하지 않도록
마침맞은 간이 되어주라는,
형체가 녹아 없어져도 남은 짠맛으로
부단히 길을 열어가라는
얼얼하게 녹아 흐르는 말씀을 듣는 밤.

—「소금」 전문

시에서 '염전' 일을 하던 '아버지'는 '소금' 그 자체이다. 어쩌면 평생 염전에서 소금만 일구던 아버지였기에 입원해 있는 모습을 보며 화자가 느끼는 심정은 이루 말할 수 없으리라. 그런 아버지의 고단했던 인생을 알고 있으므로 화자는 '죄스런' 마음으로 자신의 육신에 아버지를 담고자 한다. 즉, '아버지-소금'을 끌어안기로 한 것이다. 시에서는 "그가 흘린 땀, 그 소금이/내 온몸 혈관을 타고 흐른다"라고 말하고 있는데, 사실상 이것은 아버지라는 혈육을 아버지가 죽은 뒤에도 간직하겠다는, 다시 말해 자신 안에 아버지가 살아 있다는 표현이나 다름없다. 아버지가 주신 '목숨'으로서의 화자가 "쉬 무르거나 부패하지 않도록" 짜디짠 '간'이 되어주고 있는 '아버지'.

그러한 아버지에 대한 사랑은 자신에게 목숨을 부여했다는 인식을 통해, 그 목숨이 현존하도록 하는 육신이 아버지에 의해 보존된다는 인식을 통해, 그리고 화자 자신도 '누군가의 가슴에 스며들어가' 아버지의 유지를 받들어야 한다는 부채의식을 통해 기꺼이 자신을 '봉헌'하려는 방식으로 나타나고 있다. 너무 지극하여 그 끝을 알 수 없는 이 '숭고한 봉헌'의 제의는 어느 밤 입원해 있는 아버지의 '말씀'을 듣는 과정에서 발생하고 있다. 그리고 화자는 '누군가에게 마침맞은 간'이 되라는 그 부채의식과도 같은 유지를 '온몸'으로 받아들인다. 이때 '누군가'는 권순자 시인의 시에서 보면 세상의 모든 존재를 지칭하는 것일 것이다. 그리고 '마침맞은 간'은 '쉬 무르거나 부패하지 않게 하는' '소금'의 역할로 어느 한계에 머무르지 않게 하고, 나아가 세계 모든 존재가 구속받거나 억압받지 않고 자신의 본연의 모습으로 살아갈 수 있도록 하는 '자유'라는 이름으로 거듭나고 있다. 결국 자유에 대한 권순자 시인의 욕망은 '아버지'라는 존재의 또 다른 표상이다. 그것은 아버지로부터 유전된 소금으로 태생적인 것이며 지고지순한 가치를 지닌 영원불멸의 계보를 갖고 있다.

권순자 시인의 시에서 아버지에 대한 봉헌의식은 세계에 대한 봉헌의식으로 변전되고 있다. 시에서 보이는 대상과의 동일시는 이 봉헌의식이 관여된 결과이다. '봉헌'을 하는 자의 마음은 한없이 여리나 그 행위는 강렬하다. 권순자 시인의 시집에서 나지막하게, 그러나 때론 강렬하게 표출되는 시인의 의식을 느낄 수 있는 이유가 여기에 있다. 때로 둔탁한 어조로 자신의 의지를 표출하는 경우가 있다고 하더라도 시인의 여린 감성은 언제고 그것을 충분히 감싸 안을 것이다. 이번 시집을 또 하나의 분기점으로 삼아 시인의 시성(詩性)이 오래, 그리고 더 멀리 유전되기를 기대한다.

이 도서의 국립중앙도서관 출판시도서목록(CIP)은 서지정보유통지원시스템 홈페이지(http://seoji.nl.go.kr)와 국가자료공동목록시스템(http://www.nl.go.kr/kolisnet)에서 이용하실 수 있습니다.(CIP제어번호: CIP2013021384)

문학의전당 시인선 168

붉은 꽃에 대한 명상

초판 1쇄 인쇄 2013년 11월 11일
초판 1쇄 발행 2013년 11월 18일
지은이 권순자
펴낸이 김석봉
책임편집 이현호
디자인 조동욱
펴낸곳 문학의전당
출판등록 제311-2012-000043호
주소 서울시 은평구 연서로11길 7-5 401호
편집실 서울시 마포구 공덕2동 404 풍림VIP빌딩 413호
전화 02-852-1977
팩스 02-852-1978
블로그 http://blog.naver.com/mhjd2003
전자우편 sbpoem@naver.com

ISBN 978-89-98096-52-6 03810

* 이 시집은 〈2012 아르코 문학창작기금〉을 받아 제작되었습니다.